HISTORIAS DE HADAS

contadas por hadas

Georgie Adams

Ilustraciones de
Sally Gardner

SerreS

Para Giselle,

mi querida amiga y gran hada.

Con cariño de G.A.

Para Georgie

Con cariño de S.G.

Título original: *The Real Fairy Storybook*

Adaptación: Raquel Mancera Francoso

© 1998 Orion Children's Books
Texto © 1998 Georgie Adams
Ilustraciones © 1998 Sally Gardner

Primera edición en lengua castellana para todo el mundo
© 2002 Ediciones Serres, S.L.
Muntaner, 391 – 08021 Barcelona

ISBN: 84-8488-072-9

Fotocomposición: Editor Service, S.L. – Barcelona

Índice

Hola. ¿Quién eres tú? ¡Menudo susto nos has dado entrando así de sopetón!

Ala de Noche

Flor

¡Qué listo has sido al encontrarnos!. Ahora no eches a correr... que no te vamos a morder. Ven, siéntate aquí con nosotras. Pero ten cuidado y no pises el vestido. ¡Eso sí que no te lo consentiríamos! Dime tu nombre otra vez, que ya lo he olvidado. La verdad es que soy bastante distraída. ¿Qué estaba diciendo? Ah, sí. Yo me llamo Flor o, si lo prefieres, la Costurera Real. Ellas son mis ayudantes, Ala de Noche, Fantasía, Travesía y... Cascarilla. ¿Cascarilla? ¡Cascarilla! ¿Dónde te has metido? Sal de debajo de ese montón de perlas y ven, que te quiero presentar a...

Travesía

Fantasía

¡Vaya, me he olvidado otra vez! Tu nombre me ha entrado por una oreja y me ha salido por la otra. Venga, preséntate de nuevo. Cascarilla es muy tímida pero se le pasará en un minuto... un minuto, dos minutos, eso me recuerda que el tiempo vuela y tenemos que terminar el vestido antes de medianoche.

Cascarilla

¿Que para quién es? Para la reina de las hadas, por supuesto. Es su vestido para el Baile del Verano, pero quién sabe si conseguiremos coser todas estas perlas a tiempo. Ya son las siete de la tarde. ¿Qué has preguntado? ¿Cuántas perlas dices que faltan? MIL perlas, ni más ni menos. Y cada una de ellas tiene que estar cosida con hilo de gasa, lo mejor de lo mejor.

¡Oh, no! Se me ha caído la aguja. Antes de que nos demos cuenta se habrá escapado con el dedal, pero no sé por qué me sorprendo después de tantos trucos y de tanto coser. ¿Me ayudas a buscarla? Estará por aquí cerca.

Mientras la buscas te contaré un cuento. ¿Te apetece? Muy bien, pues entonces empiezo...

EL CABALLITO DE MAR Y EL REY FEOFÍCEO

É RASE UNA VEZ UN CABALLITO DE MAR. Nadaba entre las olas cuando rompían en la orilla y a veces lo arrastraban hasta una piscina de rocas donde jugaban las hadas del agua.

Allí se divertían juntos jugando al escondite y, de vez en cuando, el caballito dejaba que las hadas montaran sobre su lomo.

Seguramente, el caballito de mar hubiera vivido así feliz para siempre, pero una noche oscura se desató una terrible tormenta.

Los truenos retumbaban sobre su cabeza y los relámpagos destellaban en el cielo.

El pobre caballito de mar estaba aterrorizado y comenzó a nadar alejándose tanto de su casa que, por desgracia, fue a parar a las profundas y oscuras aguas en las que habitan los feofíceos. Y por si no lo sabíais, los feofíceos son duendes malos y feos a los que todas las hadas buenas tememos.

El mar estaba muy revuelto. Las enormes olas arrastraron al caballito de mar en un remolino de espuma. Mientras giraba confusamente, sintió que algo lo atrapaba por la cola. ¡Era un feofíceo!

—¡Te he pillado! —gritó la horrible criatura.—

Serás un plato delicioso para la cena del rey.

El caballito de mar intentó zafarse de la pegajosa garra, pero el feofíceo lo agarraba con fuerza y nadaba con su presa hasta el fondo del mar.

Allí abajo el mundo era diferente, el caballito nunca había visto antes un lugar como ese.

El feofíceo lo llevó a través de un bosque de algas extrañas, tan grandes como árboles, hasta una enorme cueva. En el interior, sentado en un trono de rocas y rodeado de gordas babosas, pudo ver al más grande y horrible de todos los feofíceos. Era el rey Feofíceo, que sonrió al caballito de mar mientras le echaba su apestoso aliento de huesos podridos.

- Encerradlo –dijo el rey– me lo comeré para cenar.

Antes de que el caballito de mar pudiera darse cuenta de lo que estaba pasando, el feofíceo lo arrojó dentro de una almeja gigante y cerró la concha con fuerza. «¿Qué va a ser de mí?» –se preguntó el caballito de mar en la oscuridad.– «Esto es el fin». No podía dejar de pensar en su casa, en la orilla del mar junto a las hadas... Pero las hadas sabían todo lo que le había sucedido al caballito de mar (las hadas tenemos un sentido especial para saber esas cosas) y ya estaban volando hacia allí para ayudarlo. Os puedo asegurar que eran muy valientes, porque todas las hadas tenemos miedo a los malvados feofíceos y nuestra magia no es eficaz contra ellos. Sin embargo, el caballito de mar era su amigo y querían hacer todo lo posible por salvarlo. Las hadas encontraron enseguida la espantosa cueva y se escondieron detrás de la almeja.

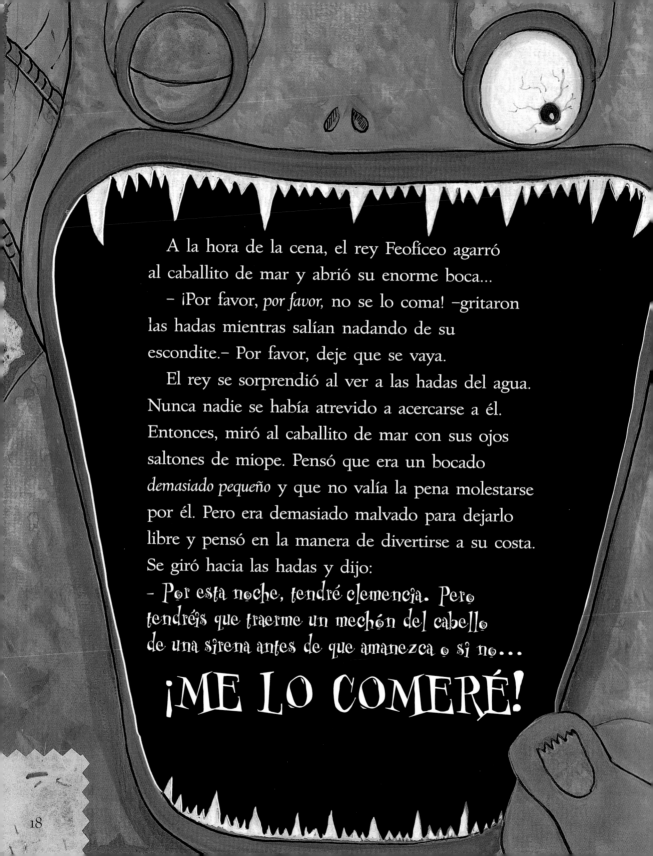

A la hora de la cena, el rey Feofíceo agarró
al caballito de mar y abrió su enorme boca...

– ¡Por favor, *por favor*, no se lo coma! –gritaron
las hadas mientras salían nadando de su
escondite.– Por favor, deje que se vaya.

El rey se sorprendió al ver a las hadas del agua.
Nunca nadie se había atrevido a acercarse a él.
Entonces, miró al caballito de mar con sus ojos
saltones de miope. Pensó que era un bocado
demasiado pequeño y que no valía la pena molestarse
por él. Pero era demasiado malvado para dejarlo
libre y pensó en la manera de divertirse a su costa.
Se giró hacia las hadas y dijo:
– Por esta noche, tendré clemencia. Pero
tendréis que traerme un mechón del cabello
de una sirena antes de que amanezca o si no...

¡ME LO COMERÉ!

El caballito de mar tembló de miedo cuando el rey ordenó que lo volvieran a encerrar en la almeja. Pero antes, las hadas le murmuraron al oído:

– Déjalo en nuestras manos. Pronto te liberaremos. Volveremos con el mechón antes del amanecer. Confía en nosotras.

En efecto, a la mañana siguiente, justo en el momento en que el sol se asomaba por el horizonte, las hadas del agua volvieron con el mechón. El rey se puso furioso. Estaba convencido de que les había encargado una tarea imposible. Así que decidió retener al caballito un día más. Las hadas pensaron que el rey estaba siendo injusto y se quedaron junto a la almeja.

Una vez más, a la hora de la cena, el rey Feofíceo agarró al caballito de mar y abrió su enorme boca. El caballito de mar estaba aterrorizado y tembló de cola a cabeza.

– ¡Por favor, *por favor*, no se lo coma! –gritaron las hadas.

El rey se quedó pensativo por un instante y dijo:
– Por esta noche, tendré clemencia. Pero tendréis que traerme la sombra de un niño antes de que amanezca o si no...

¡ME LO COMERÉ!

El rey pensaba que las hadas no podrían cumplir esa tarea y el caballito de mar también lo creía así. Las lágrimas caían por su trompa cuando le encerraron en la almeja una vez más. Pero antes de que se cerrara, las hadas le murmuraron al oído:

– Déjalo en nuestras manos. Pronto te liberaremos. Volveremos con la sombra antes del amanecer. Confía en nosotras.

Esta vez las hadas volaron hacia la oscuridad de la noche. La luna brillaba sobre la tierra y podían verlo todo con claridad. Pronto divisaron lo que realmente estaban buscando. Plegaron sus alas

y se deslizaron sobre un rayo

de luna hasta un precioso jardín, donde se encontraba la estatua de un niño con su sombra proyectada por la luz de la luna.

En un abrir y cerrar de ojos, las hadas enrollaron la sombra y la ataron con los hilos de una telaraña. Después volaron hacia el mar tan rápido como podían sus alas. El sol comenzaba a asomarse cuando se sumergieron en las olas hacia la cueva de los feofíceos.

Podréis imaginar que el rey Feofíceo saltaba de rabia cuando las hadas le entregaron la sombra del niño (aunque estuviera un poco arrugada después del viaje). ¡Estaba tan convencido de que les había encomendado una tarea imposible!. Así que retuvo al caballito de mar un día más, mientras que las hadas permanecieron cerca.

Una vez más, a la hora de la cena, el rey agarró al caballito de mar y abrió su gigantesca boca.

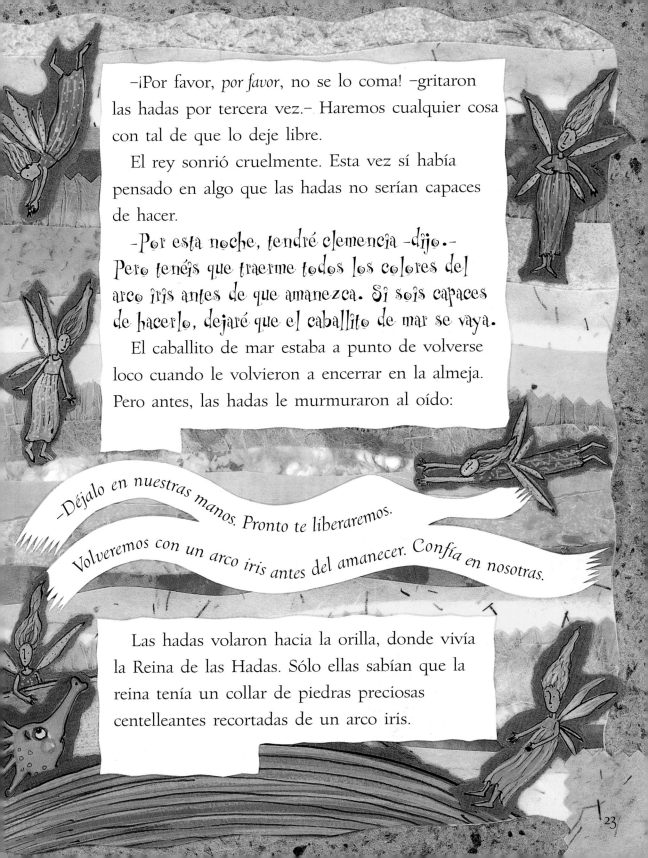

–¡Por favor, *por favor*, no se lo coma! –gritaron las hadas por tercera vez.– Haremos cualquier cosa con tal de que lo deje libre.

El rey sonrió cruelmente. Esta vez sí había pensado en algo que las hadas no serían capaces de hacer.

–Por esta noche, tendré clemencia –dijo.– Pero tenéis que traerme todos los colores del arco iris antes de que amanezca. Si sois capaces de hacerlo, dejaré que el caballito de mar se vaya.

El caballito de mar estaba a punto de volverse loco cuando le volvieron a encerrar en la almeja. Pero antes, las hadas le murmuraron al oído:

–Déjalo en nuestras manos. Pronto te liberaremos. Volveremos con un arco iris antes del amanecer. Confía en nosotras.

Las hadas volaron hacia la orilla, donde vivía la Reina de las Hadas. Sólo ellas sabían que la reina tenía un collar de piedras preciosas centelleantes recortadas de un arco iris.

Cuando las hadas le hablaron del caballito de mar a la reina, ésta les entregó el collar rápidamente.

–Tomad, –dijo– llevadle el collar a ese feofíceo malvado. Podéis estar seguras de que se arrepentirá toda la vida de haberos pedido tal cosa.

Las hadas volaron hasta la oscura profundidad de la cueva de los feofíceos con el collar de piedras preciosas. Cuando el sol comenzaba a salir se lo entregaron al rey Feofíceo. Cada piedra preciosa brillaba con un color del arco iris, como la cola de un cometa.

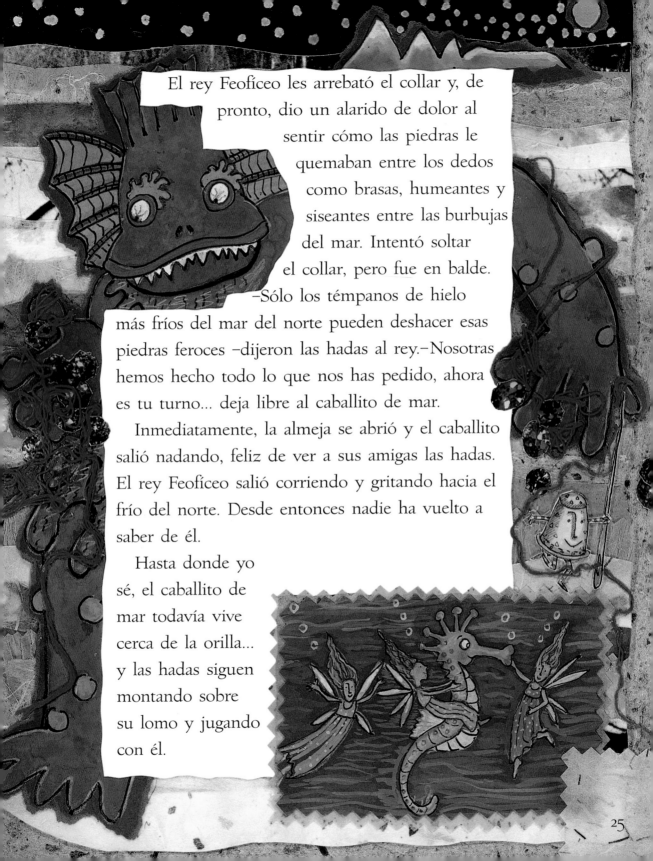

El rey Feofíceo les arrebató el collar y, de pronto, dio un alarido de dolor al sentir cómo las piedras le quemaban entre los dedos como brasas, humeantes y siseantes entre las burbujas del mar. Intentó soltar el collar, pero fue en balde.

–Sólo los témpanos de hielo más fríos del mar del norte pueden deshacer esas piedras feroces –dijeron las hadas al rey.–Nosotras hemos hecho todo lo que nos has pedido, ahora es tu turno... deja libre al caballito de mar.

Inmediatamente, la almeja se abrió y el caballito salió nadando, feliz de ver a sus amigas las hadas. El rey Feofíceo salió corriendo y gritando hacia el frío del norte. Desde entonces nadie ha vuelto a saber de él.

Hasta donde yo sé, el caballito de mar todavía vive cerca de la orilla... y las hadas siguen montando sobre su lomo y jugando con él.

¿Te ha gustado el cuento? Puedes asentir con la cabeza, si quieres. ¿Que si ocurrió así de verdad? Pues claro que sí.

Cada una de las palabras que te hemos dicho es cierta. Lo que sucede es que se trata de un auténtico cuento de hadas. No como otros que te cuentan por ahí. Y todavía hay muchos más. ¿Te quedarás a escucharlos, verdad? Nos encanta contar cuentos y...

¡AUUU! Mira por donde he encontrado la aguja y me he pinchado el dedo. Rápido, Travesía, ve a buscar una tirita antes de que ensucie más el vestido. Tendré que coser parches de pétalos sobre estas manchas. ¡Pero mira qué hora es! Todavía nos quedan OCHOCIENTAS perlas que coser antes de medianoche. Ni siquiera hemos terminado de hacer el dobladillo...

Ala de Noche, ¿estás segura de que el dobladillo está recto? Yo lo veo torcido, un lado está más largo que el otro. Será mejor que vuelvas a empezar. Fantasía, deja de reírte y ayuda a Ala de Noche con los alfileres y la cinta métrica.

¿Alguien ha visto una caja de botones por algún sitio? Vamos a necesitar botones para abrochar la parte de atrás. Doce botones rojos pequeñitos. ¿Por qué no nos ayudas a buscarlos? Muchas gracias, no sé lo que haríamos sin ti.

Mientras buscas los botones, Cascarilla nos contará otro cuento. Venga Cascarilla, no seas tímida. Tus historias son tan divertidas... Venga, piensa en una, todos queremos que nos cuentes una...

Mi trabajo como hada de los dientes

Os voy a contar una historia de los días en que fui un hada de los dientes. Era mi primer trabajo y no lo hacía demasiado bien. Una noche cometí un terrible error. Todo comenzó de esta manera...

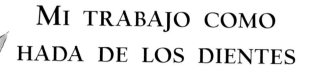

Acababa de acurrucarme en la cama. Mi almohada estaba llena de sueños y me preparaba para dormir profundamente cuando, *¡Talán talán!* Sonó la campana de los dientes. Nunca se sabe cuándo a alguien se le va a caer un diente ni cuándo un hada de los dientes debe ir a recogerlo.

Los niños se pasan el día entero moviéndose los
dientes para que se les caigan. Un diente difícil
puede mantenerse sujeto de un hilo durante días.
Entonces, cuando su dueño menos lo espera,
¡sorpresa! Se cae solo. Eso es exactamente lo que
le sucedió a un niño que se llamaba Joaquín.

Joaquín llevaba todo el día tirando de
su diente. Era una paleta y las paletas
son siempre los dientes más difíciles.
Pero aunque ya estaba casi suelta,
no acababa de caérse. Sin
embargo, cuando Joaquín se puso
a masticar un caramelo ¡plin! Se cayó.
Allí estaba, era una buena paleta,
aunque un poco pringosa.

Os sorprenderá saber que hay personas que no creen en las hadas (casi siempre se trata de adultos). Es triste, pero es verdad. Curiosamente, los niños que dicen no creer en ellas cambian de opinión en cuanto se les cae un diente. Así sucedió con Joaquín.

– ¿Las hadas me traerán mucho dinero? –preguntó a su madre antes de irse a la cama.

– No sabía que creías en esas cosas –contestó ella.

– Hum... bueno, sí, sí que creo –dijo Joaquín poco convencido– ¿Cuánto crees que me traerán por mi diente?

– No mucho, con estos pegotes de caramelo que tiene –contestó su madre.

Así que Joaquín cepilló su diente hasta dejarlo reluciente. Después, lo colocó debajo de la almohada y se quedó dormido. En ese mismo momento sonó la campana de los dientes y yo salí corriendo a buscarlo.

Joaquín vivía en el número sesenta y dos de un rascacielos en medio de una gran ciudad. Para las hadas las ciudades son muy confusas, así que tardé un buen rato en encontrar el lugar. Una vez dentro del edificio, descubrí que tenía muchos pisos. En cada piso había un montón de puertas con números.

Os tengo que contar que nunca he sido muy buena con los números. Os puedo regalar TRES deseos sin ningún problema. Sé cuánto son CINCO guisantes. A partir de ahí me hago un auténtico lío.

Aquella noche volé por un montón de pasillos mirando todos los números y cada vez me liaba más y más. Finalmente, paré frente al número veintiséis. Creí que era el número correcto y entré por la cerradura. Enseguida, me convencí de que había encontrado la habitación de Joaquín. El pequeño estaba acurrucado debajo de las sábanas y en la mesita de noche, dentro de un vaso de agua, flotaban unos dientes. No un solo diente, sino una DENTADURA ENTERA.

Un hada con más experiencia se hubiera dado cuenta de que algo iba mal. Pero debéis recordar que yo era una principiante y me pareció muy emocionante encontrar tantos dientes a la vez. Me los llevé y dejé una bolsa llena de oro. En mi opinión, era un cambio justo.

Pero más tarde, cuando le mostré a la jefa de
las hadas de los dientes lo que había encontrado,
se enfadó muchísimo.

– ¿Cómo puedes ser un hada tan tonta? –gritó.–
Son falsos. ¡Falsos! ¡No podemos hacer perlas con
DIENTES FALSOS! Sólo nos sirven los dientes
más blancos, los dientes de los niños. De
eso están hechas las perlas de las hadas.

Así que perdí el trabajo.

Aquella misma noche, otra
hada fue al piso número sesenta
y dos a recoger el diente de
Joaquín. A la mañana siguiente
el niño encontró una moneda
de plata debajo de la almohada
y se puso muy contento.

El dueño de los dientes del piso número *veintiséis*... era un abuelito llamado Damián. Cuando se despertó a la mañana siguiente, se sorprendió mucho al encontrar una bolsa llena de oro en lugar de su dentadura postiza (que de todas formas nunca le había encajado bien). Desde entonces, empezó a creer que las hadas realmente existen.

¡Es una historia genial, Cascarilla!
Estoy convencida de que yo hubiera
cometido el mismo error.

Tanta charla sobre dientes y
caramelos me ha despertado el
apetito. Quizás deberíamos parar
y comer algo. Podríamos merendar.
Fantasía, retrasa el reloj uno o dos
minutos.

¿Qué dices? ¿Que qué hay para
comer? Lo que a ti te apetezca,
recuerda que estamos en el mundo de las hadas. Venga,
pide un deseo, lo que más te guste.

¡Qué bien! Ya llegan los pasteles mágicos (justo lo
que estaba deseando). ¿Quieres probar un trozo? Claro
que quieres probarlos. Son deliciosos. Salta y toma uno
al vuelo. Los de color rosa son muy rápidos y es muy

difícil atraparlos, pero los de color verde van más despacio...
Uy, uy, uy... ¡Qué tonta soy! Se me ha caído un poco de mermelada en el vestido. No importa, lo limpiaré luego con un poco de agua. ¡Son deliciosos! No puedo resistirme, aunque no sé si después de todos los que me he comido podré saltar para tomar otro. Luego hay que barrer las migas y volver al trabajo.

Todavía nos quedan muchas perlas que coser. ¿Cuántas crees que faltan? Yo diría que unas SEISCIENTAS. Así que tenemos tiempo suficiente para contar más historias. Fantasía, ahora te toca a ti. Cuéntanos un cuento mientras cosemos...

LA PRINCESA RIZOS LARGOS

HABÍA UNA VEZ UN REY Y UNA REINA, CUYO MAYOR DESEO ERA TENER UN BEBÉ. Después de muchos años su sueño se hizo realidad y tuvieron una hija. La llamaron Rizos Largos y les parecía la niña más preciosa del mundo.

Como era su única hija, el rey y la reina le
daban todo lo que quería y la princesa se convirtió
en una niña muy caprichosa. Era muy mandona
con los sirvientes y nunca decía «gracias» ni «por
favor». En una ocasión, entró en la cocina cuando
la cocinera estaba preparando la comida.

– Prepárame un pastel –le ordenó Rizos Largos.

– Te haré uno para la hora del té –le
contestó la cocinera.

– No, quiero uno AHORA –dijo la princesa.

Así que la cocinera tuvo que dejar lo que estaba
haciendo para prepararle un pastel a la princesa.

Como es natural, ese día la comida se retrasó y la pobre cocinera se metió en un lío. Muy injusto, por cierto.

La princesa era exactamente igual con sus amigos. Cuando iban a jugar al palacio, Rizos Largos era siempre la que elegía los juegos y se ponía a mandonear, hasta que dejaron de ir a jugar con ella.

Un día, Rizos Largos estaba en el jardín y vio a un niño que la miraba desde la verja de entrada al palacio. Se llamaba Juan y sentía pena al ver a la princesa jugando sola. Juan era huérfano y no tenía hermanos, por eso sabía muy bien lo que era sentirse solo. Pero Rizos Largos lo miró por encima del hombro y ni tan siquiera le saludó.

Lo mejor de Rizos Largos era su pelo castaño: sus mechones rojizos eran tan brillantes como las hojas en otoño. Las niñeras intentaban peinar sus tirabuzones todos los días, pero ella nunca se dejaba y montaba una gran pataleta. Simplemente porque a Su Alteza Real NO LE GUSTABA QUE LE TOCARAN EL PELO. ¡No os imagináis los escándalos que armaba! Gritaba y pegaba a las niñeras como una loca.

A la hora del cepillado, la reina intentaba por todos los medios que su preciosa niña se dejara peinar. Le compraba los vestidos más bonitos, los zapatos más primorosos y chocolates de los que hacen la boca agua. Pero nada era suficiente. La princesa se retorcía, se revolvía y daba patadas en el suelo. Como veis, tenía un genio terrible.

Una mañana, cuando las niñeras intentaban peinar su cabello real, la reina le trajo a Rizos Largos una muñeca preciosa. La princesa, que como siempre estaba gritando malhumorada, agarró la muñeca y la arrojó por la ventana.

Justo en ese mismo momento, una abuelita pasaba junto al palacio y la muñeca cayó a sus pies. La abuelita (que en realidad era un hada disfrazada) se inclinó para recogerla.

– ¡Devuélveme mi muñeca! –gritó Rizos Largos desde la ventana.

– Pero antes prométeme que vas a ser una niña buena –contestó el hada.

– ¡NO! No pienso prometerte nada –gritó la princesa.

– Muy bien, entonces me quedaré la muñeca y a **TI** te lanzaré un maleficio.

Rizos Largos estaba a punto de decir una grosería cuando de repente la abuelita se transformó en hada. La princesa se sobresaltó. Sabía que se trataba de un hada de verdad, con sus alas y su varita mágica. La princesa estaba a punto de preguntar al hada qué tipo de hechizo había arrojado sobre ella cuando, como suelen hacer las hadas, desapareció.

Al principio, Rizos Largos hizo como si no le importara lo que había sucedido.

– Hada tonta –pensó.– Seguro que ni siquiera sabe hacer magia.

A la hora del desayuno *todo* seguía igual. En la comida no había *nada* diferente. Pero a la hora del té, cuando la princesa se estaba zampando un plato de pastelitos de crema... su pelo comenzó a crecer. En cuestión de segundos, le cayeron

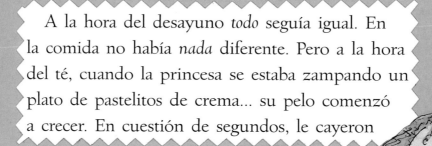

sobre la cara un montón de largos y gruesos mechones rizados y no pudo seguir comiendo los pringosos pastelitos.

El cabello de Rizos Largos crecía cada vez más rápido. El rey y la reina miraban con sorpresa cómo el pelo de su hija crecía minuto a minuto...

hasta la cintura,

pasadas las rodillas,

sobre los pies y

hasta el suelo.

¡Rizos Largos daba brincos de miedo! Y justamente saltar era lo único que podía hacer, porque en ese momento el pelo le había envuelto los talones. La desafortunada princesa casi no podía poner un pie delante de otro sin tropezar.

– ¡QUE ALGUIEN HAGA ALGO! –gritó enfadada Rizos Largos.

Muy pronto, todo el palacio se enteró
del lamentable estado de la princesa. Las niñeras
corrieron hacia la sala del té, seguidas del
presidente de la Cámara de los Consejeros Reales,
los jardineros, un cochero y la cocinera. Les resultó
muy difícil no pisar el pelo de la princesa porque
se había esparcido por todo el suelo como una
alfombra. Sus rizos comenzaron a trepar por las
paredes y atravesaban los huecos de las puertas.

Rizos Largos comenzó a sentirse muy asustada. Se arrepentía de haber sido tan mal educada con el hada y les contó a todos lo que había sucedido.

La reina frunció el entrecejo y regañó a la cocinera que se reía disimuladamente con el cochero. El rey se enderezó la corona y pidió consejo al presidente de la Cámara de los Consejeros Reales.

– Bien –dijo el presidente intentando disimular la sonrisa–. Si Su Alteza Real se encuentra bajo algún tipo de hechizo, no hay manera de saber cuánto puede durar... un día, una semana, un año o... a lo mejor más. No hay forma de saberlo.

El rey y la reina estaban horrorizados.

El pelo había seguido creciendo,
cada vez era más largo y frondoso.
Primero, las niñeras intentaron
recogerlo y atarlo en coletas. Pero era
peor que trabajar en un campo de
heno. Las gomas de pelo se rompían
y pronto se quedaron sin cintas.

Después, los jardineros intentaron
poner un poco de orden con
rastrillos y tijeras. Pero el cabello
no paraba de crecer.

Esa noche, Rizos Largos se fue a la cama muy triste. La reina y todas las damas de honor intentaron consolarla. Le leyeron cuentos y cantaron canciones de cuna, pero no consiguieron que dejara de llorar. El cabello le daba calor y pesaba tanto como cien mantas juntas.

Y durante toda la noche creció y creció hasta que todo el palacio se cubrió de pelo.

Por la mañana, el rey convocó al presidente de la Cámara a una reunión muy urgente. Tenían que encontrar una solución al problema.

– Debemos cortar el pelo a Su Alteza Real cuanto antes –dijo el rey.

– Pero si sólo tenemos un par de tijeras –dijo el presidente de la Cámara– y no están afiladas.

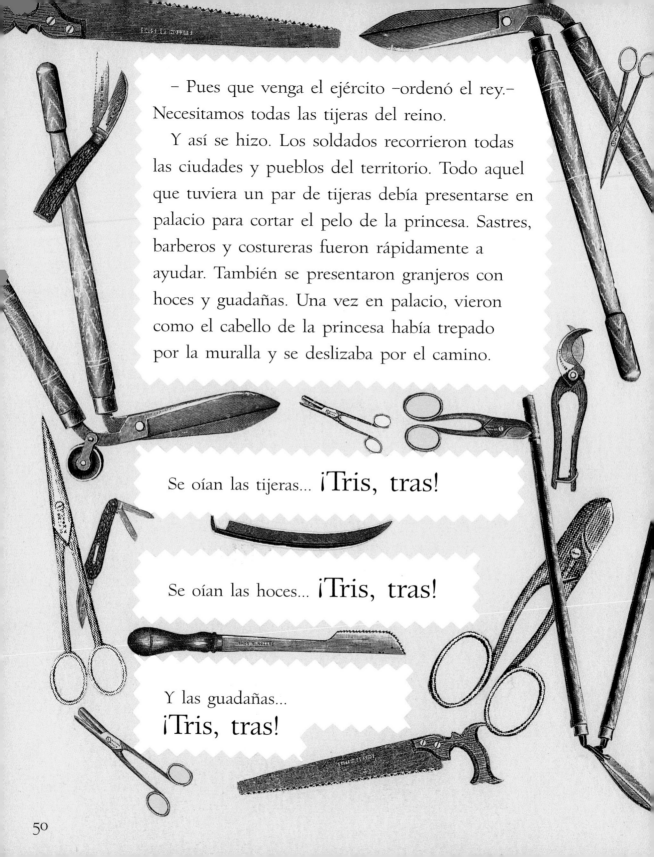

– Pues que venga el ejército –ordenó el rey.–
Necesitamos todas las tijeras del reino.

Y así se hizo. Los soldados recorrieron todas
las ciudades y pueblos del territorio. Todo aquel
que tuviera un par de tijeras debía presentarse en
palacio para cortar el pelo de la princesa. Sastres,
barberos y costureras fueron rápidamente a
ayudar. También se presentaron granjeros con
hoces y guadañas. Una vez en palacio, vieron
como el cabello de la princesa había trepado
por la muralla y se deslizaba por el camino.

Se oían las tijeras... ¡Tris, tras!

Se oían las hoces... ¡Tris, tras!

Y las guadañas...
¡Tris, tras!

Rizos Largos les observaba con tristeza desde la torre del palacio. Todos cortaron, tijeretearon y recortaron desde la mañana temprano hasta el anochecer. Los afiladores estaban muy ocupados. Pero, aunque cortaran y cortaran, el cabello de la princesa seguía creciendo cada vez más fuerte.

Pasaron días, semanas, meses... La princesa estaba pálida y delgada. Su pelo pesaba tanto que casi no la dejaba comer ni moverse. Al cabo de un año,

TODO EL REINO ESTABA CUBIERTO DE PELO.

51

El día en que Rizos Largos cumplía seis años, Juan pasó por delante de unas tiendas de camino al palacio. No había dejado de pensar en la princesa desde el día en que la vio en el jardín. Por supuesto, conocía la historia del hada y el hechizo. Juan sentía mucha lástima de Rizos Largos; quería hacerle un regalo de cumpleaños, pero sabía que con las dos monedas que llevaba en el bolsillo no podría comprar casi nada.

Se paró frente a una tienda y apoyó la nariz sobre el cristal del escaparate. La tienda estaba llena de cosas viejas, amontonadas unas encima de otras. Entre tanto desorden vio una muñeca preciosa. Juan se la quedó mirando y le pareció que la muñeca le sonreía. Entonces, la abuelita que atendía en la tienda hizo señas a Juan para que entrara.

– Por favor, –dijo Juan– ¿podría decirme cuánto cuesta esa muñeca?

– ¿Cuánto estás dispuesto a pagar? –preguntó la abuelita, fijándose en las raídas ropas de Juan.

– Sólo tengo dos monedas pequeñas –contestó.

– Trato hecho –dijo la abuelita y le entregó la muñeca.

Juan no podía creer su suerte. Corrió directamente hacia el palacio. La verja de entrada estaba escondida tras un grueso arbusto de rizos dorados, así que trepó por una trenza y saltó por encima del muro.

Un guardia del palacio le vio y ordenó:

– ¡Alto ahí! No puedes entrar al palacio.

– Por favor, –dijo Juan– he traído un regalo para la princesa y me gustaría mucho poder dárselo en persona.

El guardia miró a Juan y a la muñeca. Pensó que a la princesa le alegraría recibir una visita el día de su cumpleaños, aunque se tratara de un piojoso como ése.

– Está bien, –dijo el guardia– sígueme.

El guardia acompañó a Juan a través de largos pasillos y escaleras de mármol, hasta la habitación de la princesa. No fue fácil encontrar la puerta detrás de tanto pelo.

– Ya puedes pasar –dijo el guardia– ¡Buena suerte! –añadió.

Juan golpeó la puerta y entró. La princesa espió a Juan a través de una bola enmarañada de cabello. Su cara sucia le resultó familiar, pero no le reconoció.

– ¿Quién eres? –dijo la princesa.

– Soy Juan –se presentó, después, nervioso y tímido, añadió rápidamente:– te vi una vez desde el otro lado de la verja del palacio. Tú estabas en el jardín y te saludé, pero no me oíste y ahora he venido para darte un regalo... feliz cumpleaños.

Juan le dio la muñeca a Rizos Largos. La princesa la agarró y... se puso muy nerviosa. ¿Era aquella la muñeca? ¿Cómo podía ser? ¡Sí! Estaba convencida de que era la misma muñeca que le había regalado la reina el día del maleficio

– Se la he comprado a una viejecita –le explicó Juan.– Espero que te guste.

Rizos Largos hizo un gesto afirmativo con la cabeza, aunque con dificultad porque el pelo le pesaba mucho. Entonces, para su sorpresa, la muñeca también afirmó con la cabeza. Juan y la princesa la miraron de cerca. La muñeca les sonrió y guiñó un ojo. Y muy poco a poco, se transformó en hada. ¡Era el hada que la había hechizado! Juan no podía creer lo que veían sus ojos. Nunca antes había visto un hada. Pero la princesa la reconoció enseguida.

– ¡Dios mío! –dijo el hada haciéndose un hueco entre los rizos.– Esto está hecho un desastre.

– Entonces deshaz el hechizo que lanzaste sobre mí –dijo la princesa.

– Pídemelo por favor –dijo el hada.

– ¡POR FAVOR! –dijo la princesa rápidamente.

– Eso está mejor –dijo el hada.– Pero para romper el hechizo debes pedir un deseo que haga feliz a alguien.

Rizos Largos nunca había pensado en nadie que no fuera ella, pero le costó poco decidirse. Miró a Juan. Había sido muy bueno con ella. Después de todo, había encontrado la muñeca. Si todo eso no hubiera pasado, ¿quién sabe?, el hechizo podría haber durado toda la vida.

– Mi deseo es... que Juan viva conmigo en el palacio.

A Juan nunca se le hubiera ocurrido nada mejor. El hada rompió el maleficio y el cabello de la princesa dejó de crecer. Juan fue a vivir al palacio, se convirtió en el príncipe Juan y el rey y la reina le quisieron como si fuera su propio hijo. Rizos Largos dejó de ser una niña caprichosa. Desde entonces, se cepilló el cabello todos los días y dijo siempre «Por favor» y «Gracias»

¿Qué pasó con el hada?... Nunca se supo más de ella, aunque la muñeca tenía un extraño parecido a ella.

Fantasía, mientras contabas esa historia, han ocurrido cosas extrañas.

Primero, las mangas se han hinchado descontroladamente, como globos. Después, los botoncitos que tenía preparados para el vestido de repente se han convertido en ranas y todas han desaparecido dando saltos hacia quién sabe dónde.

Por cierto, ¿alguien sabe dónde he metido mi varita mágica? Estoy segura de que la dejé junto a la caja de los botones. Ahora que lo pienso, recuerdo haber visto al señor Dedal y al señor Hilo merodeando por ahí hace un rato... Sospecho que ellos deben saber dónde está mi varita. ¿Habéis visto a ese par de pillos por alguna parte? Mejor será que los encontremos antes de que sigan haciendo travesuras o no acabaremos nunca este vestido.

¿Qué has preguntado? ¿Si el vestido le queda bien a la reina? Buena pregunta. ¿Alguien lo sabe? Me temo mucho que no. Quizás alguna de nosotras debería probárselo...

Ala de Noche... no, eres demasiado alta.

¿Cascarilla? Quizás un poco baja.

¿Travesía o Fantasía? Las dos sois demasiado delgadas.

Así que sólo quedo yo, Flor. La reina y yo tenemos las dos, ejem, una figura bien proporcionada. Me lo probaré en un momento y después daré unas vueltas para que podáis observarlo desde todos los ángulos.

¡Ya está! ¿Qué tal me queda? El corpiño me aprieta un poco después de comerme esos pasteles... pero creo que a la reina le quedará bien.

¿Habéis visto qué hora es? Ya han pasado diez tic-tacs y todavía nos quedan **CUATROCIENTAS** perlas que coser antes de medianoche y como una buena historia de hadas siempre ayuda a hacer un buen trabajo... ¿A quién le toca esta vez? Travesía, ¿tú nos contarías una? Te escuchamos...

EL ZAPATERO Y LOS DUENDES MANOS LARGAS

HABÍA UNA VEZ UN ZAPATERO QUE SE LLAMABA DON BOTÍN Y QUE HACÍA LOS MEJORES ZAPATOS DE TODA LA CIUDAD.

La gente llegaba incluso de las afueras de la ciudad para visitar la tienda de Don Botín. Clientes

con pies planos,

con pies gordos

y con pies de todo tipo...

no había pie que se resistiera a Don Botín.

Todos los días, en cuanto Don Botín abría la
tienda, los clientes entraban apresurados a comprar
zapatillas, sandalias, zuecos, botas y zapatos, porque
Don Botín los hacía con sus propias manos.

Por la tarde, cuando cerraba la tienda, Don
Botín se dedicaba a fabricar zapatos nuevos.
Cortaba el cuero, cosía las suelas y clavaba los
tacones con el martillo. Después, lustraba las
botas, les ponía cordones a los zapatos y los
colocaba en el escaparate,
listos para los clientes que
llegaran al día siguiente.
Habréis visto que el
zapatero era un
hombre muy
trabajador. Nunca
se iba a la cama
antes de las once.

61

Una noche, mientras Don Botín dormía arriba en su habitación, dos duendes manos largas llamados Salto y Ando entraron en la tienda a hurtadillas. ¡Eran ladrones! Al encontrarse con todos esos relucientes zapatos, sonrieron.

– Podemos venderlos en el mercado –dijo Salto.

– Las hadas pagarán un buen precio por ellos –dijo Ando.

Evidentemente, los zapatos eran muy grandes para las pequeñas hadas. Así que los duendes pronunciaron unas palabras mágicas para hacerlos más pequeños:

Estos zapatos grandes y bonitos
se ENCOGEN y se hacen pequeñitos

Todos los zapatos se encogieron al
tamaño más diminuto imaginable.
Los duendes manos largas los
metieron en un saco y se fueron.

A la mañana siguiente, cuando Don Botín abrió
la tienda, no podía creer lo que veían sus ojos.
¡Todos los zapatos habían desaparecido!

– ¡Me han robado! –gritó enfadado.

No le quedaba nada para vender y los clientes
estaban muy descontentos.

– Hoy haré más zapatos, –les prometió Don
Botín– por favor, vuelvan mañana.

Todos resoplaron, se quejaron
y se fueron
de la tienda.

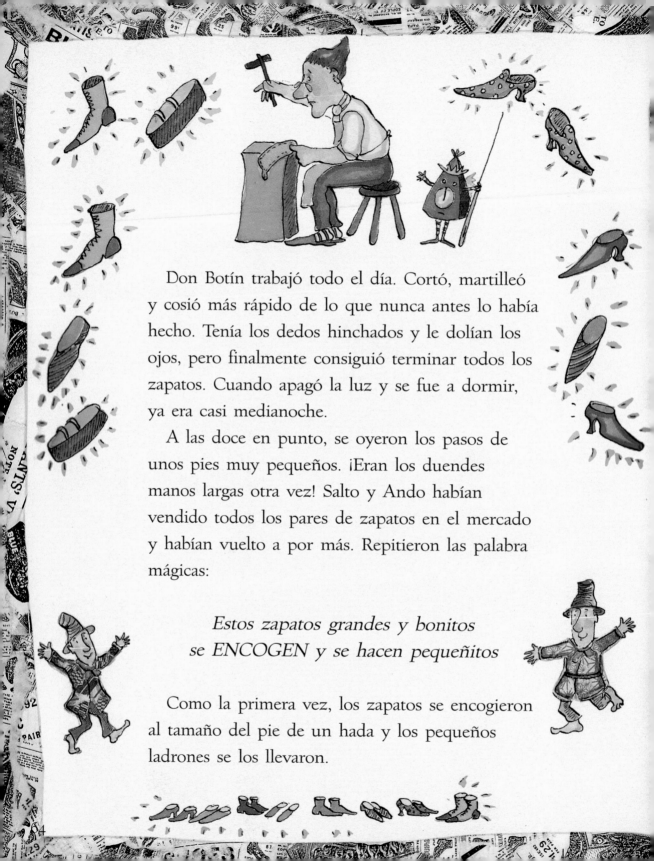

Don Botín trabajó todo el día. Cortó, martilleó
y cosió más rápido de lo que nunca antes lo había
hecho. Tenía los dedos hinchados y le dolían los
ojos, pero finalmente consiguió terminar todos los
zapatos. Cuando apagó la luz y se fue a dormir,
ya era casi medianoche.

A las doce en punto, se oyeron los pasos de
unos pies muy pequeños. ¡Eran los duendes
manos largas otra vez! Salto y Ando habían
vendido todos los pares de zapatos en el mercado
y habían vuelto a por más. Repitieron las palabra
mágicas:

Estos zapatos grandes y bonitos
se ENCOGEN y se hacen pequeñitos

Como la primera vez, los zapatos se encogieron
al tamaño del pie de un hada y los pequeños
ladrones se los llevaron.

A la mañana siguiente, Don Botín se quedó dormido. Saltó de la cama a las diez y corrió escaleras abajo hasta la tienda. Pero cuando vio que le habían vuelto a robar, el zapatero se sentó y se echó a llorar. Sus clientes, al ver una vez más que no había ni un solo zapato, se fueron otra vez decepcionados.

– Esto es mi ruina –dijo Don Botín.

Al pobre zapatero no le quedaba un céntimo. Sólo le quedaba cuero suficiente para hacer dos pares de botas. Cortó el cuero con mucho cuidado y le dio forma a los tacones. Mientras trabajaba pensó en que su suerte debía cambiar y, de repente, ocurrió algo extraordinario. La habitación se llenó con los colores del arco iris y apareció un hada. Era hermosa, con el pelo brillante como la luz de la luna y los ojos relucientes como las estrellas.

El zapatero, que estaba a punto de clavar un clavo, se sorprendió tanto que sin darse cuenta se dio un martillazo en todo el dedo gordo.

– ¡Auuu! –gritó de dolor.

– Siento mucho haber entrado sin avisar –dijo el hada.– He venido por tu deseo.

Don Botín le contó al hada todo lo de los zapatos robados. Cuando terminó su relato el hada le dijo:

– Esta noche, coloca los dos pares de zapatos en el escaparate. Nosotras vigilaremos escondidas para ver quién es el ladrón.

El zapatero terminó las botas, las lustró hasta que pudo verse reflejado en ellas y las dejó en el escaparate.

Como era de esperar, cuando sonaron las doce, Salto y Ando entraron en la tienda sigilosamente.

Don Botín y el hada vieron
que los duendes vestían
chaquetas y calzones de cuero
pero que iban descalzos y, aunque
se llevaron una desilusión al ver que sólo había
dos pares de botas, decidieron que se las
quedarían para ellos.

– Son unas buenas botas –dijo Salto.

– Las mejores –dijo Ando.

A continuación pronunciaron estas palabras
mágicas:

Que las bonitas botas esta vez
SE ADAPTEN a nuestros pies.

Inmediatamente, las botas se encogieron al
tamaño de sus pies y los duendes se las pusieron.
Pero, antes de que pudieran escapar, el hada se les
apareció y lanzó un hechizo sobre las botas. Agitó
su varita mágica y dijo:

Botitas, botitas, por haber sido tan
malos lleváoslos de aquí como los rayos

Los
poderes
mágicos del hada
eran más fuertes que los
de los duendes, así que las botas
se llevaron a los duendes fuera de
la tienda a toda velocidad.

– Uno, dos, uno, dos –dijo el hada.– Derecha, izquierda, derecha, izquierda.

– Pero, ¿qué está pasando? –preguntó Salto.

– ¡Alto! –gritó Ando– ¡Por favor, parad de una vez!

Pero las botas no pararon y se llevaron a los ladronzuelos hasta el quinto pino, que queda muy pero que muy lejos.

EL QUINTO PINO

1.000.000.000 KM

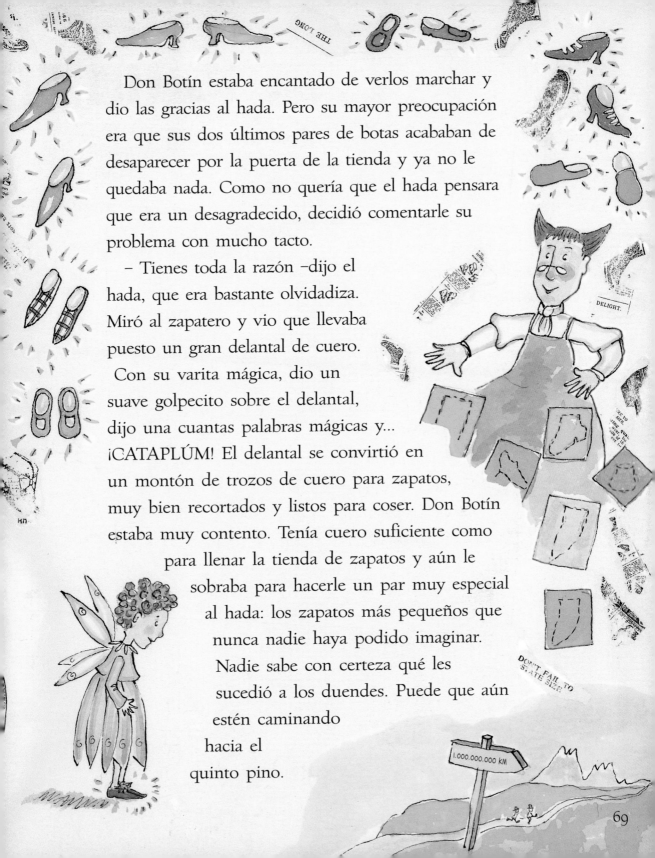

Don Botín estaba encantado de verlos marchar y dio las gracias al hada. Pero su mayor preocupación era que sus dos últimos pares de botas acababan de desaparecer por la puerta de la tienda y ya no le quedaba nada. Como no quería que el hada pensara que era un desagradecido, decidió comentarle su problema con mucho tacto.

– Tienes toda la razón –dijo el hada, que era bastante olvidadiza. Miró al zapatero y vio que llevaba puesto un gran delantal de cuero. Con su varita mágica, dio un suave golpecito sobre el delantal, dijo una cuantas palabras mágicas y... ¡CATAPLÚM! El delantal se convirtió en un montón de trozos de cuero para zapatos, muy bien recortados y listos para coser. Don Botín estaba muy contento. Tenía cuero suficiente como para llenar la tienda de zapatos y aún le sobraba para hacerle un par muy especial al hada: los zapatos más pequeños que nunca nadie haya podido imaginar. Nadie sabe con certeza qué les sucedió a los duendes. Puede que aún estén caminando hacia el quinto pino.

¡Ha sido un cuento genial, Travesía! Si a esos duendes se les ocurriera aparecer por aquí, los echaría a escobazos.

¡Qué bien, Cascarilla! ¡Has encontrado mi varita mágica! ¿Dónde estaba? ¿Detrás de ese montón de perlas, de verdad? Pero mira... ¡está doblada!

¿Que si funcionará aunque esté doblada? Hay una sola forma de comprobarlo. Tendré que lanzar un hechizo. Déjame pensar... un poco de brillo no le iría nada mal al vestido, ¿qué opinas? Pronunciaré unas palabras mágicas...

Una pizca de encanto verde, azul y morado para darle brillo al vestido en menos que canta un gallo.

... agitó un poco la varita mágica y...

¡Ping!

¡Ay! Esto no es exactamente lo que tenía en mente. Claro, como la varita está doblada, ¿lo ves? La magia no ha funcionado bien. Lo hecho, hecho está. Los encantamientos no son fáciles de deshacer y menos con una varita estropeada. Ya veréis cuando pille al señor Dedal y al señor Hilo. Estoy segura de que fueron ellos los que la doblaron en un despiste mío.

Pero ahora tenemos que seguir con nuestro trabajo. El tiempo vuela y nos quedan doscientas perlas que coser, el tiempo suficiente para escuchar una historia más. Esta vez, es el turno de Ala de Noche. ¡Después habrá llegado la hora de ir al Baile del Verano!

Así que, Ala de Noche cuéntanos tu cuento mientras cosemos...

71

UNA CALABAZA Y TRES BUENOS DESEOS

Érase vez un señor muy bueno que se llamaba señor Amado. Vivía con su mujer y sus dos hijos en una calabaza. Estaban un poco apretados, pero aún así eran muy felices.

Un triste día, la madre de los niños murió y todos la echaron muchísimo de menos. Con el tiempo, el señor Amado conoció a una señora (muy gorda, por cierto). La señora sonreía mucho y el señor Amado *creyó* que sería una buena madrastra para sus hijos. Así que le pidió que se casara con él y ella aceptó.

Por casualidad, el día después de la boda pasé por delante de la calabaza y oí cómo la madrastra de los niños le decía al padre:

– Esta calabaza es demasiado pequeña para una familia. Además, es muy fría y húmeda. Ojalá pudiéramos vivir en una casita en el campo, con una puerta trasera y otra delantera, con un piso arriba y otro abajo y una chimenea en la que calentarme los dedos de los pies. Eso es lo que me gustaría, así que eso es lo que quiero.

No parecía que fuera pedir demasiado, pero el señor Amado era un hombre muy pobre. No tenía nada en este mundo más que un buen corazón.

– No puedo permitirme una casita en el campo, querida –dijo él.– Ojalá pudiera darte lo que te mereces.

Sentí mucha pena por ellos. ¿No sentiríais lo mismo por una familia apretada dentro de una calabaza? Así que entré en la calabaza, les saludé y dije:

– Tu deseo se hará realidad, pero primero os tenéis que poner los zapatos al revés y dar tres vueltas en redondo para que comience la magia.

Os puedo asegurar que
nunca habéis visto a toda una
familia cambiarse los zapatos
tan rápido y ponerse los del
pie derecho en el pie izquierdo,
con mucha, mucha prisa.

– Ahora –dijo la señora mientras se balanceaba
un poco sobre sus piernas regordetas– tenemos
que dar tres vueltas, tal como ha dicho el hada.

Y así lo hicieron. En cuanto la familia dio el
último giro, la calabaza se convirtió en una casita
con una puerta trasera y otra delantera, situada
encima de una colina con mucho campo
alrededor.

   Los niños corrieron escaleras arriba, entraron en
todas las habitaciones y se pusieron a saltar en las
camas. Mientras tanto, la madrastra se acomodó
en el piso de abajo en un gran sillón junto a la
chimenea.

   – Es justo lo que te mereces –le dijo el señor
Amado a su mujer.

   Pensé que la señora ya estaba contenta (aunque no
me había dado las gracias), así que me fui volando.

Poco tiempo después, volví a la casita para ver cómo les estaban yendo las cosas. Hacía mucho viento y los niños estaban jugando con sus cometas. Parecían muy contentos, pero la madrastra no lo estaba.

– Esta casa no me gusta, –se quejaba a su marido– hace demasiado viento en lo alto de esta colina. Tengo que caminar toda la cuesta para ir de compras, todo el camino de bajada y de subida... Ojalá viviéramos en una casa en la ciudad, cerca del mercado. Debería tener una criada que hiciera la compra y todas las tareas de la casa. Eso es lo que me gustaría, así que eso es lo que quiero.

– No puedo permitirme una casa en la ciudad, querida –dijo el señor Amado.– Ojalá pudiera darte lo que te mereces.

Os podéis imaginar la desilusión que me llevé al oír aquello. Había creido que la señora tendría suficiente con una casita en la colina. Pero me encogí de hombros, agité mi varita mágica y dije:

– Tu deseo se hará realidad, pero primero os tenéis que poner los zapatos al revés y dar tres vueltas en redondo para que comience la magia.

El señor Amado llamó a los niños para que entraran en la casa y la madrastra les dijo que se volvieran a poner los zapatos bien (es decir, mal). Esta vez, los niños no estaban tan entusiasmados porque no querían dejar esa casa. Pero el señor Amado les dijo que eso era lo que 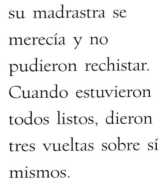 su madrastra se merecía y no pudieron rechistar. Cuando estuvieron todos listos, dieron tres vueltas sobre sí mismos.

Me siento muy orgullosa, pues mi magia
funcionó a la perfección por segunda vez. En
cuanto la familia Amado terminó de girar, la casita
se desvaneció y apareció una gran casa en el centro
de la ciudad. Tenía cuatro pisos y una buhardilla y
los muebles eran de buena calidad. Justo al final de
la calle estaba el mercado, tan cerca que incluso se
podían oír las voces que llegaban desde los puestos.
Para la señora lo mejor de todo era la criada, que
ya estaba atareada con la escoba
y el plumero.

– Es justo lo que te mereces –le dijo el señor Amado a su mujer.

La señora parecía contenta (aunque no me dio las gracias) y los niños ya se habían hecho amigos de los vecinos, así que me fui volando.

Unas semanas más tarde, volví para comprobar que todo fuera bien. Pero no. Otra vez oí cómo la señora se quejaba a su marido.

– El martes que viene es mi cumpleaños y quiero celebrar una gran fiesta para invitar a las personas más importantes de la ciudad. Esta casa es demasiado pequeña para una ocasión tan especial. Ojalá viviéramos en una mansión con un gran salón de baile y muchos sirvientes que cocinaran y limpiaran. Me encantaría tener armarios repletos de ropa bonita para poder estar muy guapa.

Así que eso ES LO QUE QUIERO.

El señor Amado suspiró preocupado. Incluso él comenzaba a cansarse de las exageradas exigencias de su mujer. Pero como tenía un corazón muy grande dijo:

– No puedo permitirme una mansión con sirvientes, querida. Ojalá pudiera darte lo que te mereces.

Yo no podía dar crédito a mis oídos. Había puesto todo mi empeño en darle todo lo que deseaba. Sin embargo, decidí prestar mi ayuda una vez más (a pesar de todo, era su cumpleaños), así que agité mi varita mágica y dije:

– Tu deseo se hará realidad, pero primero os tenéis que poner los zapatos al revés y dar tres vueltas en redondo para que comience la magia.

Para entonces, los niños ya eran especialistas en ponerse los zapatos al revés. Pero esta vez, lo hicieron con muchas menos ganas porque no querían separarse de sus nuevos amigos. Entonces la madrastra dio un golpe en el suelo (cosa nada fácil de hacer cuando tienes los zapatos al revés) y les ordenó que se dieran prisa.

El señor Amado vio que sus hijos estaban muy tristes y les susurró al oído que sus amigos podrían ir a visitarlos a la mansión siempre que quisieran. Eso les animó un poco para dar las tres vueltas sobre sí mismos y, en un abrir y cerrar de ojos, todos aparecieron en una casa muy lujosa, con columnas de mármol y escaleras sinuosas. Tenía un salón de baile del tamaño de un campo de fútbol y tantos armarios repletos de ropa (toda de tamaño extra grande) que no se podían contar.

El señor Amado se sentó. Tanta grandeza le superaba y, temblando, le dijo a su mujer:

– Es justo lo que te mereces, querida mía.

Los niños ya estaban jugando a patinar por los suelos del salón y la señora daba ordenes a diestro y a siniestro. Esta vez pensé que por fin estaría contenta (aunque no me dio las gracias), así que me fui volando.

El martes fui a felicitarle su cumpleaños (aunque se le hubiera olvidado invitarme a su fiesta). ¿A que no sabéis lo que pasó? En cuanto me vio se acercó y comenzó a quejarse:

– Los candelabros del salón dan demasiada luz y me han dado un terrible dolor de cabeza. Las escaleras me marean y mi pastel de cumpleaños tiene demasiado chocolate. Me siento enferma. ¡Esto no es lo que me merezco!

– Tienes razón –dije preparando mi varita mágica.– Si lo que quieres es lo que te mereces... ponte los zapatos al revés y da tres vueltas en redondo para que la magia funcione.

Mientras tanto, el señor Amado y los niños se lo estaban pasando muy bien en el salón de baile. Había una orquesta que tocaba sus canciones favoritas y se habían quitado los zapatos para disfrutar del baile.

Sin embargo, la señora estaba impaciente por tener lo que se merecía y rápidamente se puso los zapatos al revés y dio tres vueltas SOBRE SÍ MISMA sin esperar a su familia. En cuanto dio la última vuelta, *¡paf!*... ¿A que no sabéis dónde apareció? ¡Otra vez en la pequeña calabaza!

Cuando los niños se
enteraron, dijeron:
– ¡De buena nos hemos
librado! –y siguieron
bailando.

El señor Amado
se puso un poco triste.
Después de todo, había
perdido a su mujer. Pero
suspiró y dijo:
– Quizás es lo mejor que podía
pasar. Ahora sí que tiene justo lo que se merece.

Desde ese día vivió tan feliz junto a sus hijos,
en aquella mansión tan perfecta, que nunca
podrían haber deseado nada mejor. Por lo que
respecta a la señora de la calabaza... como ya os
podéis imaginar, todos los días se queja de su
mala suerte. Algunas
personas son muy
difíciles de complacer.
Pero tres deseos son
más que suficientes
para cualquiera, así que...
SU SITIO está en la
calabaza.

¡Pero mira qué hora es!
Sólo quedan unos cuantos minutos
para medianoche. El tiempo vuela
cuando se disfruta escuchando
cuentos de hadas.

Pero ya no nos queda tiempo para más historias.
¡Ala de Noche, Fantasía, Travesía, Cascarilla!
¡Tenemos que prepararnos para el baile!

¿Por qué no te vienes con nosotras? Venga,
por favor, será muy divertido.
Estarán todas las hadas
vestidas con sus mejores trajes,
máscaras y zapatitos de baile.
Habrá luciérnagas iluminando
el camino y violinistas mágicos
que tocarán las canciones más
bonitas hasta el amanecer.

Además, no puedes perderte el maravilloso banquete. **No** sabría explicarte la cantidad de cosas deliciosas que habrá para comer.

Si te convencemos para que nos acompañes, serás nuestro invitado de honor. Incluso podemos hacer que te sienten junto a la reina de las hadas. En serio, se alegraría tanto de conocerte... pero antes debemos hacerte más pequeño. **No** te importa encoger un poco, ¿verdad? Es sólo por una noche. **No** duele nada y por la mañana ya habrás vuelto a tu tamaño normal.

¿Cómo que no tienes nada que ponerte? ¡Vaya tontería! Cierra los ojos y pide un deseo. Piensa en algo muy bonito que te gustaría llevar y lo tendrás. En el mundo de las hadas, vestirse es tan fácil como guiñar un ojo. **No** se tarda nada. Así que cierra los ojos y pide un **DESEO**.

¡Oh, Dios mío! Oigo las trompetas reales... la reina está a punto de llegar. Estará aquí en un abrir y cerrar de ojos. Cascarilla, pásame una perla. ¡Ésta ya es la **ÚLTIMA**, hemos acabado! ¿Qué te parece? Es una obra de arte, ¿verdad? Nunca volverás a ver un vestido como este.

¿Qué por qué no hemos hecho todo el trabajo con magia? Porque entonces no habríamos tenido tiempo de contarnos todos estos cuentos. La magia es demasiado rápida. Aunque ahora que lo veo... creo que será mejor que pidamos otro deseo.

¡Ahí lo tienes! ¡Este sí que es un vestido de ensueño! Y justo a tiempo. Ha llegado la reina.

Buenas noches, Su Majestad. Somos Flor, Ala de Noche, Fantasía, Travesía y Cascarilla, las costureras reales a su servicio. Cuando lo desee, estamos listas para la fiesta.

FIN